Karl-Heinz Söhler · Nach oben fallen wir nur schwer...

Karl-Heinz Söhler

Nach oben fallen wir nur schwer...

Gedichte ohne Namen

Christians

Mit Zeichnungen
von Wilhelm Hartung

CIP-Kurztitelaufnahme der Deutschen Bibliothek

Söhler, Karl-Heinz:
Nach oben fallen wir nur schwer ... Gedichte ohne Namen / Karl-Heinz Söhler. Zeichnungen von Wilhelm Hartung. – Hamburg: Christians, 1985.
ISBN 3-7672-0896-2

NE: Söhler, Karl-Heinz: [Sammlung]

ISBN 3-7672-0896-2
Printed in Germany

Es wird mehr gedruckt als gelesen – hatte ich im Vorwort zu meinem ersten Gedichtband gesagt. Wer ein Buch schreibt, sollte die Schaufenster der Buchhandlungen vor Augen haben und sich fragen, womit er es verantworten will, dem Überfluß an Büchern noch eins hinzuzufügen.
Die Antwort hängt von der Selbstkritik des Schreibenden und dem Grad seiner Gewissenhaftigkeit ab.
Wie bei einem Zauberkunststück liegt das Wesentliche unseres Lebens oft in den Kleinigkeiten, auf die wir nicht achten, weil sie uns selbstverständlich erscheinen. Diese Kleinigkeiten sind unabhängig von Zeit und Ort und verändern sich nicht. Sie fesseln mich am meisten, sie zu beobachten reizt mich immer wieder, sie versuche ich zu zeigen, schlicht, auf einfachstem Nenner, klar, kurz, in gewohnter Alltagssprache und so, daß es sich zufällig reimt.
Viele Menschen haben Schwierigkeiten, ihre Gedanken und Empfindungen sprachlich präzise und verständlich auszudrücken. Deswegen sollten Leser nicht rätseln müssen, was ein Autor gemeint, sondern nur nachdenken, ob er recht hat.
Dem einzelnen Menschen, Gruppen wie ganzen Völkern geht es um das Gefühl, sich zu behaupten, von anderen so anerkannt zu werden, wie sie sich selber sehen. Das Gefühl ist dabei wichtiger als die Tatsache selbst. Die Sichtweisen können nie übereinstimmen.

Und je größer die Abweichungen sind, um so schwieriger wird eine Brücke der Verständigung zu finden sein. Sie kann nur durch Sprache, Ausdrucksbemühungen und Verständnis gebaut werden.
Dazu gehört, andere nicht mit den eigenen, sondern mit ihren Augen zu sehen, Schuld und Fehler nicht nur bei ihnen, in ihren persönlichen Verhältnissen oder der Umwelt zu suchen, sondern auch bei sich, und mit Humor zu den Schwächen zu stehen – den eigenen wie den anderen. Wir sind nämlich Menschen.
Verständnis vor Kritik – damit könnten wir uns Scheidungen und Kriege ersparen, und selbst dabei sind Kleinigkeiten oft wesentlicher als die großen Gesten. In meinem ersten Gedichtband hatte ich gesagt, sein Zweck sei erfüllt, wenn jeder, der ihn liest, bei wenigstens einem Gedicht einmal nickt – diesmal genügt es mir, wenn ich jedem aufmerksamen Leser eine unbeachtete oder übersehene Kleinigkeit erneut bewußt gemacht habe.

Ein Treibholz schwimmt im Strom des Lebens,
Geht mit der Zeit, modern, zum Meer
Und sucht doch jeden Halt vergebens,
Kennt nur das Wasser um sich her.

Der Fels ruht sicher auf dem Grunde,
Ihm ist die Strömung einerlei,
Denn alles Wasser gibt ihm Kunde
Und fließt von selbst an ihm vorbei.

Es grämte sich ein Mensch zur Qual:
Er sah die Welt als Jammertal,
Bis er erstaunt den Fehler fand:
Es war der Punkt, auf dem er stand.
Er ging nur ein paar Schritte weiter –
Und plötzlich schien sie ihm ganz heiter!

Ein Ohr hört Dir geduldig zu,
Und tiefen Dank empfindest Du.
Doch manchmal merkst Du hinterher:
Das Ohr war offen – aber leer.

Das Pferd ist stolz, dem Herrn zu dienen.
Der Esel jammert nur: Du mußt!
So wird's mit ganz verschiednen Mienen
Des einen Last, des andern Lust.

Vor Weihnachten bestellte sich einmal
Ein Mensch in seiner Überlastung Qual
Mit tiefer Inbrunst einen Heinzelmann,
Der ihm beim Vorbereiten helfen kann.
Doch wurde nichts aus diesen Hilfsarbeiten.
Der Heinzel klagte über schlechte Zeiten:
Vor Überarbeitung fast aufgerieben,
Seien sie zudem sozial zurückgeblieben.
Beschämt sah unser Mensch das völlig ein.
Er blieb beim Vorbereiten stumm allein
Und drückte ihm ein Geldstück in die Hände
Zur Heinzelmänner-Unterstützungsspende.

Gefühl muß oftmals leiden,
Zu weit kommt der Verstand,
Und dabei gehn die beiden
Am liebsten Hand in Hand.

Ein Mensch durchraste Buch auf Buch,
Wobei er so die Seiten hieb,
Daß diesem geistigen Eunuch
Auch nicht ein Fetzen hängenblieb.

Ins Gästebuch sich geistreich einzutragen
Ist grad, als müßt' man sich im Örtchen plagen:
Man sitzt gebückt und drückt und strengt sich an.
Es quält, weil man gern will und nicht gleich kann.
Man läßt die Luft durch beide Backen pfeifen –
Und plötzlich spürt man's drängen, fühlt man's reifen!
Hat das Produkt sich dann herausgewunden,
Wird's als erlösend dankbar tief empfunden,
Und man beschaut sein Werkchen mit Plaisir,
Löscht noch die feuchten Stellen mit Papier,
Zum Schluß – das muß man schicklich selber fühlen:
Ob's nötig, etwas hinterherzuspülen.
Man sieht, welch Lob, wenn jemand sagt beflissen:
Wer hat denn hier so wunderschön . . . Sie wissen!

Du darfst, das nimm zur Kenntnis,
Willst jeden Du verstehn,
Vor allzuviel Verständnis
Nicht selber untergehn.

Was hindert mich daran,
Von andern abzuweichen?
Kein Fingerabdruck kann
Aufs Haar dem zweiten gleichen.

Ein Pfau entsetzt sich bieder:
Putzt du nicht dein Gefieder?
Der Löwe nickt: Ganz richtig,
Das ist mir nicht so wichtig.

Eins nur wünschen wir bescheiden
Für Weihnachten und's neue Jahr:
Werde keines von den beiden
Schlechter, als das letzte war.

Und was ich Dir auch schenke,
Wie wenig das doch ist,
Wenn ich dagegen denke,
Was Du mir immer bist.

Von Technik oft besessen,
Wird allzu leicht vergessen:
Wohin wir uns auch treiben –
Die Welt wird Stückwerk bleiben.

7.40 · 4 0.25 · 40

29.60 10,00

207.4

7.04 · 4 2,12,8

28.16

10.07 · 4

40.28

405.4

50

16 20

55 9 3.05 · 4

12.20

Die schlechten Zeiten zu beklagen
Ist Brauch schon seit uralten Tagen.
Doch fand ein Mensch von eignem Stile:
Dem Brauche huldigen zu viele,
Ich freue mich in jedem Falle,
Denn schimpfen – schimpfen können alle!

Der Ruhe an den Feiertagen
Ist nur ein Fehler nachzusagen:
Kaum sind wir auf Geschmack gekommen,
Wird sie uns wieder weggenommen.

Die Menschen, ziemlich eigentümlich,
Verhalten sich oft wenig rühmlich:
Sie stoßen jemand roh ins Wasser,
Und dieser wird nun immer nasser.
Er könnte also bald versinken
Und schlimmstenfalls sogar ertrinken.
Dann wird es auch allmählich Zeit:
Es tut den Leuten langsam leid.
Sie werfen – und bedauern sehr –
Den Rettungsring jetzt hinterher.
Doch sind sie plötzlich ganz erstaunt
Und werden sichtlich mißgelaunt,
Denn statt sich an dem Ring zu freuen
– Wo sie doch keine Mühe scheuen –,
Statt seinen Rettern Dank zu zeigen
Und sich im Wasser zu verneigen,
Bleibt der dort unten vornehmlich
Auch weiterhin nur ärgerlich!

Wenn Eitelkeit erst abgebaut
Und ein Mensch sich selbst vertraut,
Dann freue er sich doch unsäglich:
Von nun an ist er ganz erträglich.

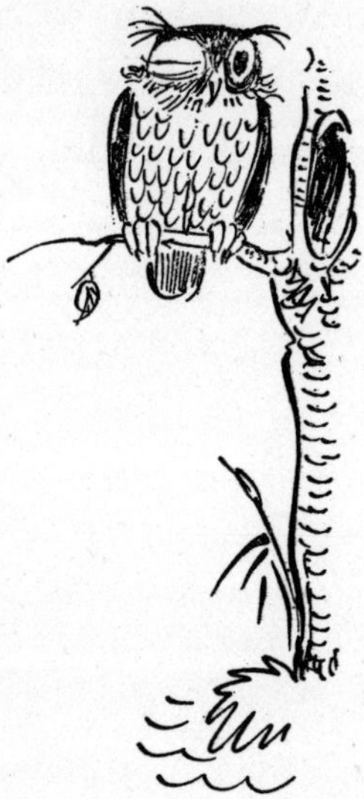

Was brauchte unsre Welt,
Damit sie reibungsloser liefe?
Mehr Ruhe und mehr Tiefe.

Wie oft hab' ich mit Dir gelacht,
Gesagt: Ich freue mich mit Dir!
Doch manchmal kommt mir der Verdacht:
Freust Du Dich eigentlich mit mir?

Ein jeder hat, so hört man sagen,
Im Leben seine Last zu tragen.
Dagegen ist nichts einzuwenden:
Der eine trägt sie in den Händen.
Der andre – über plattem Schopf –,
Der balanciert sie auf dem Kopf.
Der dritte mit gebeugtem Rücken
Läßt sich von ihr zu Boden drücken.
Wo man sich müht, ist unerheblich,
Denn keine Mühe ist vergeblich.
Entscheidend ist nicht, was man trägt,
Nur wie man sich damit bewegt.

Rhapsodie
in
Krach

Wenn Dich ein Mitmensch heftig stört,
Du findest schlicht ihn unerhört:
Such' seine guten Seiten raus,
Dann kommst Du mit den schlechten aus!

Wenn Du mal alle Welt verfluchst
Und meinst, Du hättest nichts zu lachen –
Ob Du's dann mit Dir selbst versuchst?
Das läßt sich nämlich immer machen!

Einen Satz trag' in den Ohren:
Wer sich aufregt, hat verloren.

Wenn wieder mal ein Jahr sich wendet
Und am Silvesterabend endet,
Dann kratze ich mich hinterm Ohr
Und stelle jedesmal mir vor:
Wie ist die Zeit doch zu beneiden!
Ihr glückt's, das Altern zu vermeiden.
Denn wird sie älter, wird sie neuer,
Das ist doch wirklich nicht geheuer!
Wenn wir als Menschen so veralten,
Dann kommen höchstens neue Falten.
Wär's möglich, mit der Zeit zu tauschen
Und ihr Geheimnis abzulauschen?

Du weißt, es ist unmöglich,
Und doch, das ist zum Lachen,
Versuchst Du beinah täglich,
Es jedem recht zu machen.

Tritt Dir jemand auf den Fuß,
Tritt nicht gleich im Zorn zurück.
Sag' ihm lieber: Gott zum Gruß!
Damit hast Du öfter Glück.

Was bliebe reizvoll noch an unserm Leben,
würde Erfahrung uns – vorweggegeben?

Es ist ein ururalter Zopf,
und doch bringt er uns täglich neu zum Stutzen:
Wie wenig Menschen ihren Kopf
zu seinem eigentlichen Zweck benutzen.

Soviel ich ihr auch manchmal grolle,
ich spiele täglich meine Rolle.
Natürlich bleib' ich selber draußen
und sehe mich mit Spott von außen.
Doch ist der große Haken eben,
ich stehe glücklich nur – daneben.
Am Abend, da entläßt sie mich,
ich schlüpf' erleichtert in mein Ich –
dann gibt Besinnung einen Stich:
Denn auch die Rolle – das bin ich!

Der Mensch benimmt sich meist im Leben
als Kunde ungeniert daneben.
Doch fehlt ihm sonst auch weit und breit
zum König die Gelegenheit.

Es ist schon manchmal eindrucksvoll,
die Worte kunstgerecht zu drechseln.
Nur darfst Du das um keinen Zoll
mit Geistestiefe je verwechseln.

Wie freut sich jeder Mensch im Leben,
wenn dann Versprechen, die gegeben,
– im Himmel und zunächst auf Erden –
auch wirklich eingehalten werden!
Dagegen, was wir selbst versprochen,
wird achselzuckend leicht gebrochen –
doch das betrifft ja leider jeden,
drum woll'n wir davon nicht mehr reden . . .

Muß denn der Geist sich schinden,
das Einfache schwierig zu finden?
Viel schwerer scheint's zu gehen,
das Schwierige einfach zu sehen!

Du weißt, beim Zahnarzt sind die Schmerzen
doch nie ganz sicher auszumerzen.
Drum nimm es Dir nicht so zu Herzen.
Versuch mal mit Dir selbst zu scherzen,
und denk schon morgens in der Frühe:
Der Mann gibt sich ja große Mühe!

Der ängstlich-vorsichtigen Art
bleibt selbstverständlich viel erspart –
doch wenn sie niemals überschäumt,
hat sie auch allerhand versäumt!

Such Mitte!

Verzweifeln kann Dein Grübelgeist,
wenn er bedenkt, was Du nicht weißt?
Laß Dir doch nicht von Deinen Lücken
Dein Selbstvertrauen niederdrücken!
Du kannst Dir ja in diesem Leben
nicht mehr als täglich Mühe geben –
und es ist klüger, statt zu leiden,
mit dem, was ist, sich zu bescheiden.
Drum nicht zu wenig, nicht zuviel
dazwischen sei Dein Strebensziel –
nun hab' ich bloß die eine Bitte:
Wer sucht uns jeden Tag die Mitte?
Du magst es noch so sehr verfluchen:
Du mußt sie immer selber suchen ...

Der Mensch von heute soll es hassen,
sich im geringsten anzupassen.
Was macht er denn, in aller Welt,
wenn er vor einer Ampel hält?

Ob arm, ob reich, im Himmel gleich –
der Satz bringt mich zum Sieden!
Vor Erdenrichtern sind wir gleich,
vor Gott sind wir verschieden.

das Verständnis
des Verständnisses
dem Verständnisse
den Verst

Auch andre Menschen zu verstehen,
verlangt mehr Geist, als viele sehen.
So sollten wir Verständnis eben
zum Pflicht- und Leistungsfach erheben!

HOMO SAPIENS

Du bist noch ausgesprochen klein
und weit entfernt, ein Mensch zu sein,
solange Du entrüstet bist,
nur weil ein andrer – anders ist.

A. SIEGER

In Niederlage oder Sieg
verändern Politik und Krieg,
so schwer vielleicht die Einsicht fällt,
doch nie die Menschen – nur die Welt.

I-CH 123

Das Autofahren wäre herrlich
und obendrein schier ungefährlich –
wir hätten nur verhindern sollen,
daß andre auch mal fahren wollen.

Frau Oper fragte Fräulein Operette,
wo sie denn wirklich Kunst zu bieten hätte.
Es klang, auch ohne tiefere Betrachtung,
ganz sanft nach Spott, Herablassung, Verachtung.
Das Fräulein knickste lächelnd, ruhig, artig,
das Leben sei von selbst genügend schartig,
und wo es als Gesetz geschrieben stehe,
daß Kunst doch nur mit Ernst und Schwere gehe?
Der Erdenweg sei ja in jedem Zug
schon von alleine ernst und schwer genug.
Viel schwerer bleibe wohl, es zu verstehen,
das Schicksal täglich heiter anzusehen.
In dieser Fähigkeit, rief sie, liegt Kunst,
sie steht bei mir in allerhöchster Gunst!
Damit will ich dem Ernst kein Recht absprechen,
für Albernheit auch keine Lanze brechen,
nur sollte jeder jedes anerkennen,
statt überheblich leicht von Kunst zu trennen,
und keiner falschen Vorstellung erliegen:
Es ist oft ungleich schwerer – leicht zu wiegen.
Für mich besteht da weder Krieg noch Sieg.
Wozu Frau Oper zögernd sinnend schwieg.

Ein Angler wartet, bis die Fische beißen,
und jagt nicht schwimmend hinter ihnen her.
Mit Hetze läßt sich trefflich Kraft verschleißen –
Geduld erreicht am Ende immer mehr.

Du kannst Dir große Mühe geben:
Gelingt Dir irgendwas daneben,
dann sieht gewöhnlich alles Volk
nur schadenfroh den Mißerfolg.

Du stehst beim Glück in hoher Gunst,
beherrschst Du eine rare Kunst:
Als ausgesprochen armer Hund
vergnügt zu sein – ganz ohne Grund.

Noch jede Zeit versucht mit kühnen Nerven,
manch alte Weisheit aus der Bahn zu werfen.
Sie wird dann gern als überholt verspottet
und gilt gleich als verstaubt und eingemottet.
Die Weisheit sucht erst gar nichts zu beweisen
und bleibt fast unbemerkt in den Geleisen.
In Wahrheit war die Zeit nur falsch gepolt.
Die Weisheit hat sie lange überholt
und steht am Ende meistens da und lacht:
Den Umweg hatte nur die Zeit gemacht!

Da nützt auch Politik nichts mehr:
Die Menschen sind wie Steine –
nach oben fallen sie nur schwer,
nach unten von alleine.

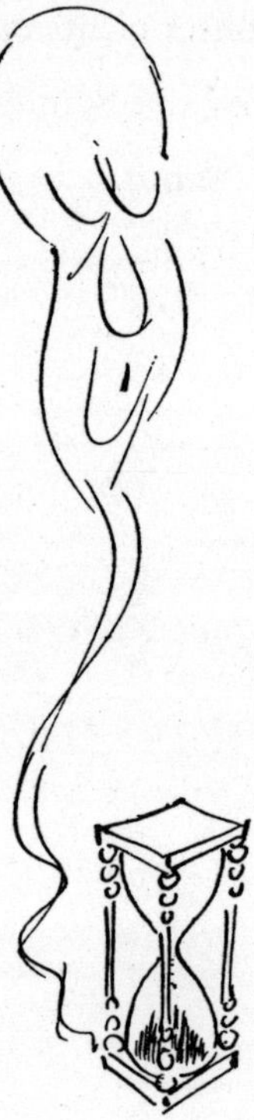

Ein Augenblick fand sich so schön
und wünschte sich, er bliebe stehn.
Er klammerte sich an die Zeit –
da war er schon Vergangenheit.

Mir war einmal etwas gelungen,
ich freute mich in vielen Zungen
und von der Sohle bis zum Scheitel –
da nannten mich die Leute eitel.

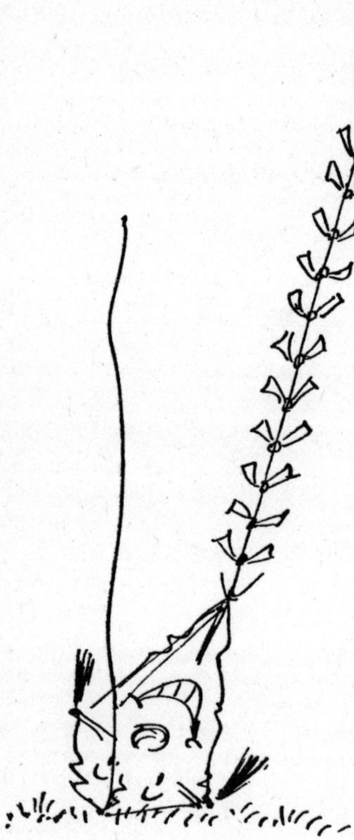

Ein Drachen tummelt sich verwegen
in Lüften, die sich stürmisch regen.
Er fühlt so frei sich auf der Welt,
weil einer ihn am Bande hält.
Denn ohne Bindung würd' der Drachen
nur jämmerlich zu Boden krachen!

Sag einem Klugen einen Fehler,
er wird erfreut und dankbar sein.
Ein Dummer sieht Dich nur als Quäler
und schnappt sofort beleidigt ein.

Ein Mensch, gereizt, unausgeschlafen,
und eine kecke Fliege trafen
im Bad zur Aufstehzeit zusammen.
Er fühlte seine Muskeln strammen,
weil sie es gar nicht respektierte,
daß er sich mißgelaunt rasierte.
Sie ärgerte ihn unverhohlen
mit ihren dreisten Kapriolen.
Er wollte wütend nach ihr schlagen,
besann sich aber, stumm zu fragen:
Was kann die Fliege denn dafür?
Sie absolviert nur ihre Kür.
Der Ärger ist ganz meine Schuld
und liegt an mangelnder Geduld.
Da suchte er verkrampft zu lächeln.
Er dachte einen Gruß zu fächeln,
begann, das Handtuch kurz zu reffen —
und hoffte insgeheim zu treffen.

UHL
Nachtigall

Schwierig ist es meist beim Schenken,
vorher richtig nachzudenken
und auch die Einsicht nicht zu scheuen:
Nicht Du — der andre soll sich freuen!
Denn die Geschmäcker sind verschieden,
wenn nicht — sei um so mehr zufrieden.

Warum ich nicht dagegen boxe,
wenn jemand sagt, ich sei ein Ochse?
Mich zu verteidigen wär' schlecht:
Nach seiner Meinung – hat er recht.